Jogos e diversões em grupo

Dados Internacionais de Catalogação na Publicação (CIP)
(Câmara Brasileira do Livro, SP, Brasil)

Berkenbrock, Volney J.
　　Jogos e diversões em grupo : para encontros, festas de família, reuniões, sala de aula e outras ocasiões / Volney J. Berkenbrock ; ilustrações Emerson Souza. – 11. ed. – Petrópolis, RJ : Vozes, 2012.

　　ISBN 978-85-326-2700-1

　　1. Diversões : Jogos em grupo I. Souza, Emerson. II. Título.

02-1465 CDD-790.15

Índices para catálogo sistemático:

1. Brincadeiras em grupo : Atividades recreacionais   790.15

2. Diversões em grupo : Atividades recreacionais   790.15

3. Jogos em grupo : Atividades recreacionais   790.15

VOLNEY J. BERKENBROCK

JOGOS E DIVERSÕES EM GRUPO

PARA ENCONTROS, FESTAS DE FAMÍLIA, REUNIÕES, SALA DE AULA E OUTRAS OCASIÕES

Ilustração: Emerson Souza

1ª Reimpressão

EDITORA VOZES

Petrópolis

© 2002, Editora Vozes Ltda.
Rua Frei Luís, 100
25689-900 Petrópolis, RJ
www.vozes.com.br
Brasil

Todos os direitos reservados. Nenhuma parte desta obra poderá ser reproduzida ou transmitida por qualquer forma e/ou quaisquer meios (eletrônico ou mecânico, incluindo fotocópia e gravação) ou arquivada em qualquer sistema ou banco de dados sem permissão escrita da editora.

Editoração e org. literária: Otaviano M. Cunha
Capa: André Gross

ISBN 978-85-326-2700-1

Editado conforme o novo acordo ortográfico.

Este livro foi composto e impresso pela Editora Vozes Ltda.

DEDICATÓRIA

A quem sabe encantar.

Sumário

Introdução, 9

1 Equilíbrio com os pés, 11

2 Pingue-pongue verbal, 13

3 Costas de caranguejo, 17

4 Defesa do parceiro, 19

5 Cãozinho travesso, 22

6 Gato apaixonado, 24

7 Discurso com boneco-dublê, 26

8 Tigres e onças, 28

9 Pega e corre, 30

10 Construções da fantasia, 33

11 Memória e mãos, 35

12 Bola de pé em pé, 37

13 Chave e barbante, 39

14 Qual é a senha?, 42

15 Pedro, Pedro – Paulo, Paulo, 44

16 Números e seus múltiplos, 47

17 Careta pelas costas, 49

18 Gato e cachorro, 51

19 Cordas de ringue, 53

20 Dança do pisa-pisa, 55

21 Tudo o que voa, 57

22 Adivinhar uma palavra, 59

23 Defendendo a coroa, 61

24 Andar com olhos vendados, 63

25 Teatro mudo, 66

26 Objeto imaginário, 68

27 Boa-noite, meu senhor! – Boa-noite, minha senhora!, 70

28 Detetive, assassino e vítimas, 73

29 Descobrindo o comandante, 75

30 Qual é a lógica?, 77

INTRODUÇÃO

Rir faz bem. E isto em quase todas as ocasiões, em todos os lugares, em todos os tempos e em todas as idades. O objetivo deste livrinho é ajudar a rir. E uma das maneiras interessantes de rir e divertir-se é brincando ou jogando em grupos. Aqui estão reunidos 30 jogos ou brincadeiras para serem feitos em diversas ocasiões, mas sempre em grupo. Pensamos aqui em ocasiões como encontros dos mais variados tipos, em reuniões de grupos de todas as idades, em festas ou encontros de família, em pausas de reuniões ou no final do dia, nas salas de aula, num final de semana chuvoso... Certamente não faltarão ocasiões.

Os jogos e brincadeiras aqui reunidos têm como intenção a diversão. Não foram pensados em primeiro lugar como ocasiões pedagógicas, de ensino, nem como meio de transmitir conhecimentos. Mas se também servirem para isto, ficaremos satisfeitos.

Esta coletânea foi surgindo num esforço conjunto de memória, criatividade e arte. Muitos dos jogos ou brincadeiras aqui reunidos já são do conhecimento de muitas pessoas. Quem os inventou? Não sabemos. Mas sabemos que já divertiram muitas pessoas e queremos que continuem divertindo. Outros jogos ou brincadeiras surgiram de conversas ou leituras. E a tudo isto foi agregada a arte do desenho simples, mas claro e jocoso. O objetivo dos desenhos é, por um lado, ajudar a visualizar a brincadeira; por outro, provocam, por si mesmos, a graça.

Bom divertimento a todos e todas!

Volney J. Berkenbrock
Emerson Souza

1
Equilíbrio com os pés
Brincadeira de duplas

Um coordenador deverá escolher duplas de pessoas com mais ou menos o mesmo tamanho/peso. Os participantes sentam-se em duplas no chão, descalços, colocando a planta dos pés um contra o outro. Depois disso inclinam-se para frente, de tal modo a pegarem-se nas mãos, segurando-as firmemente.

Agora começa o desafio. Cada dupla deverá tentar fazer diversos exercícios, deixando os pés sempre um contra o outro e sem movê-los do lugar. Assim, as duplas podem tentar levantar-se, ficar a meia altura do chão, fazer uma gangorra (com o equilíbrio de peso, subir e descer alternadamente), tentar girar, segurar somente com uma mão etc.

O coordenador deve/pode conduzir os diversos desafios, podendo fazer uma espécie de competição, onde as duplas que mudarem os pés do lugar ou perderem o equilíbrio são eliminadas. Ou então simplesmente motivar o exercício até perceber que os participantes já esgotaram sua criatividade.

Variação
Esta brincadeira também pode ser feita com três ou quatro pessoas, ao invés de duplas. Convém, porém, que se coloque, então, algo entre os pés dos participantes – como um travesseiro ou um pedaço de espuma – para facilitar o equilíbrio.

2
Pingue-pongue verbal

Jogo de criatividade, agilidade e concentração

Os participantes são divididos em dois grupos de igual número de pessoas e colocados sentados em duas fileiras frente a frente, numa distância de mais ou menos 2 metros. O jogo consiste em falar frases a serem sempre continuadas. O primeiro jogador do grupo A começa uma frase que deve ser continuada pelo primeiro jogador do grupo B, que deve ser continuada pelo segundo jogador do grupo A, que deve ser continuada pelo segundo jogador do grupo B, e assim sucessivamente. Quando falar o último jogador do grupo B, a frase deve ser continuada pelo primeiro jogador do grupo A, de tal maneira que forme uma corrente sem fim.

O desafio

A frase a ser continuada deve sempre fazer sentido e cada jogador, quando chegar a sua vez, deve falar pelo menos 4 palavras (sem contar os artigos). Quando algum jogador demorar para falar, gaguejar ou falar algo sem sentido na sequência, seu time perde um ponto e o jogador seguinte deve dar continuidade ao jogo, iniciando uma nova frase. O grupo que primeiro acumular 10 pontos perde o jogo. Pode-se começar tudo novamente.

Variações

a) Ao invés de uma frase, este mesmo jogo pode ser feito tendo por base a matemática, onde cada jogador deve fazer uma soma ou subtração e propor para o seguinte jogador um número a ser somado ou subtraído. Por exemplo:

Primeiro jogador do grupo A: Três mais quatro são...

Primeiro jogador do grupo B: Sete mais cinco são...

Segundo jogador do grupo A: Doze menos seis são...

Segundo jogador do grupo B: Seis mais oito são...

Cada vez que algum jogador demorar para responder, errar a conta ou não souber propor rapidamente uma nova conta, o seu time perde um ponto. O grupo que primeiro acumular 10 pontos perde o jogo.

Observação: Para não tornar o jogo muito complexo, pode-se combinar de usar apenas adição e subtração (mais e menos) e não se utilizar números acima de 10 na proposição ao seguinte jogador. Quando o grupo já estiver "fera", então pode ser proposto algo mais complexo.

b) Outra variação possível deste jogo é a utilização de conhecimentos geográficos, tendo por base estados e capitais brasileiros, onde cada jogador deverá responder a uma pergunta e propor outra ao seguinte. No início do jogo, o coordenador deverá simplesmente colocar um primeiro conceito como pontapé inicial. Exemplo:

Coordenador: Florianópolis

Primeiro jogador do grupo A: Capital de Santa Catarina. E a capital da Bahia é...

Primeiro jogador do grupo B: Salvador. E Vitória não é a capital de...

Segundo jogador do grupo A: Mato Grosso do Sul, cuja capital é...

Segundo jogador do grupo B: Campo Grande. E Palmas é a capital de...

Os jogadores tanto poderão fazer perguntas sobre capitais como sobre Estados, fazer perguntas afirmativas como negativas, mas a cada pergunta (tanto positiva como negativa) sobre Estado deverá haver uma resposta contendo alguma capital, e a cada pergunta sobre capital (tanto positiva como negativa) deverá haver uma resposta contendo algum Estado. Cada vez que algum jogador responder errado, não souber responder, perguntar errado ou demorar muito na resposta ou na pergunta, o seu time perde um ponto. O grupo que primeiro acumular 10 pontos perde o jogo. Pode-se começar tudo novamente.

c) Outra variação possível é um jogo de "vizinho/não vizinho", utilizando-se por base os cinco continentes e suas ligações terrestres. Assim, a Ásia é vizinha da África e da Europa. A África é somente vizinha da Ásia. A Europa é somente vizinha da Ásia. A Oceania e a América não são vizinhas de ninguém. Exemplo:

> O coordenador inicia o jogo dizendo: A África é vizinha da...
>
> Primeiro jogador do grupo A: Ásia, que não é vizinha da...
>
> Primeiro jogador do grupo B: América, que não é vizinha da...
>
> Segundo jogador do grupo A: Europa, que é vizinha da...
>
> Segundo jogador do grupo B: Ásia, que é vizinha da...

Cada vez que algum jogador responder errado, não souber responder, perguntar errado ou demorar muito na resposta ou na pergunta, o seu time perde um ponto. O grupo que primeiro acumular 10 pontos perde o jogo. Pode-se começar tudo novamente.

3
Costas de caranguejo
Brincadeira de duplas

Os participantes são divididos em duplas com pessoas que tenham mais ou menos a mesma altura. As duplas sentam-se no chão, encostando as costas um no outro. Começa o desafio: Apenas no apoio das costas um do outro (podendo se ajudar com os braços), as duplas tentam se levantar. Não deve ser usado nenhum outro apoio que não seja a "escora" do outro. Depois de terem conseguido levantar, podem ser colocados outros desafios como: andar em alguma direção, girar, sentar novamente... Um coordenador pode comandar os movimentos.

A brincadeira pode ser organizada de tal maneira que as duplas que se desequilibrarem ou se desencostarem saem do jogo, até ter restado apenas uma dupla vencedora.

Variação

A mesma brincadeira de levantar e movimentar-se usando sempre como apoio as costas do outro fica bem mais desafiadora se feita a três ou a quatro pessoas. Para isso os participantes são divididos em grupos de três ou quatro pessoas que tenham mais ou menos a mesma estatura.

4
Defesa do parceiro
Jogo de concentração em duplas

Os participantes sentam-se em círculo, formando duplas (as duplas podem sentar em cadeiras mais próximas, de tal modo que todos se vejam mutuamente. É necessário que todos os participantes saibam os nomes uns dos outros. Cada um deve ter consciente quem é o seu parceiro(a).

Uma acusação geral é feita: Alguém jogou lixo no rio. A brincadeira começa quando um dos participantes diz que viu alguém dos presentes jogando lixo no rio. O parceiro(a) da pessoa acusada deve tomar sua defesa e acusar uma outra pessoa. O parceiro(a) da outra pessoa acusada toma a sua defesa e acusa outra pessoa, e assim sucessivamente. A defesa só deve ser tomada, porém, quando ocorrer a acusação de "jogar lixo no rio". Outras acusações devem ser desprezadas.

O desafio consta em elaborar frases de tal maneira que se tente enganar as duplas e fazê-las reagir num momento errado ou então "cochilar" e não reagir. Quando alguém de uma dupla reagiu no momento errado, esta dupla será eliminada do jogo, permanecendo, porém, sentada, de tal maneira a poder confundir os que ainda continuam no jogo. Se alguém que ainda está no jogo acusar uma pessoa de uma dupla que já está fora do jogo, a sua própria dupla é eliminada.

Exemplo: Digamos que Fátima e Marcelo formam uma dupla; Ana e Daniele formam outra; Tiago e Gustavo, outra. A brincadeira começa quando Fátima diz: – Sabe o que eu vi ontem à tarde? Imaginem que a Ana estava jogando lixo no rio. (Ocorreu a acusação!) Imediatamente Daniele, que é parceira de Ana, deve tomar a sua defesa: – Não. Ana não era. Quem eu vi ontem foi o Tiago, jogando água no rio. E depois dele passou a Fátima e jogou lixo no rio. (Ocorreu a acusação!) Imediatamente Marcelo deve reagir: – Fátima não faz isto. Mas o Gustavo estava tirando lixo do rio. Isto porque a Daniele jogou lixo no rio. (Ocorreu a acusação!) No mesmo instante Ana deve defender Daniele e passar a acusação adiante.

A brincadeira termina quando resta apenas uma dupla vencedora.

5
Cãozinho travesso
Simplesmente diversão em grupo

Um dos participantes da brincadeira é nomeado cãozinho, e outro é o seu dono. Os outros membros do grupo podem estar de pé, sentados em cadeiras ou então sentados no chão (esta posição torna a brincadeira mais interessante). O cãozinho passeia com seu dono entre as pessoas (o "cão" deve andar de quatro). A brincadeira consiste em não rir com as ações ou travessuras do cão. O dono e o cão, porém, irão fazer de tudo para quebrar a seriedade das pessoas. Assim, o dono pode instruir o cão a latir contra alguém, a rosnar, a cheirar as pessoas, a fazer "pipi" na perna de alguém, a fazer festa com alguém, a morder a perna de um dos participantes... O cão, por sua vez, pode ser criativo fazendo caretas, latindo em tons diferentes, fazendo posições engraçadas. Quem rir da brincadeira do cão passa automaticamente a ser o cão. O que era o cão passa então a ser o seu dono, e o dono junta-se às outras pessoas do grupo. A brincadeira termina quando todos já se divertiram.

6
GATO APAIXONADO
Simplesmente diversão em grupo

Um dos participantes da brincadeira é nomeado o "gato apaixonado". Os outros sentam-se em círculo. O "gato apaixonado" irá tentar "seduzir" alguém. Para isso ele se aproxima de alguma pessoa do grupo (à sua escolha) e faz miados em diversos tons e volumes, próximo ao ouvido ou no pescoço, fazendo caretas ou simplesmente fingindo estar chorando... sem, porém, tocar na pessoa. O "gato apaixonado" irá usar de toda a sua criatividade para tentar tirar a pessoa do sério. A pessoa que está sendo "assediada" pelo gato deverá tentar manter a seriedade, continuando com o rosto levantado, sem qualquer expressão de riso (as outras pessoas do grupo podem rir à vontade). O "gato apaixonado" poderá trocar de pessoa a qualquer momento e passar a "assediar" outro membro do grupo. Se a pessoa que estiver sendo assediada não conseguir manter a seriedade, passará automaticamente a ser o "gato apaixonado" e, por sua vez, tentará seduzir alguém. A brincadeira termina quando todos tiverem se divertido.

7
Discurso com boneco-dublê
Simplesmente diversão em grupo

Três pessoas são destacadas entre os participantes para irem até à frente da plateia. Estes têm as seguintes funções: um é o político fazendo seu discurso; outro é um boneco que para de pé, mas não se mexe, ficando porém com os braços e a cabeça "soltos"; o terceiro comanda o boneco, levando seus membros a fazerem gestos.

Começa a brincadeira: enquanto o político faz seu discurso (se possível o político deve estar escondido), aquele que comanda o boneco-dublê coloca-se por trás deste; segurando as mãos do boneco ou balançando sua cabeça, tenta traduzir em gestos o discurso do político. A brincadeira torna-se tanto mais interessante quanto maior for a "criatividade" dos gestos do boneco-dublê e seu comandante.

Variações
Ao invés de um político, pode-se tomar alguma outra figura, como um sacerdote ou pastor em sua pregação, o diretor da escola quando fala aos alunos ou então alguma pessoa conhecida do próprio grupo.

8
Tigres e onças

Competição de agilidade

Os participantes são divididos em dois grupos iguais (dentro de uma sala). Os membros de ambos os grupos são colocados no centro da sala, frente a frente, deitados um ao lado do outro de barriga para baixo, de tal modo que suas cabeças fiquem para o centro, mas com uma distância de mais ou menos dois metros entre os grupos. Esta distância é a zona neutra (pode-se, inclusive, marcar esta distância com um giz ou com algum objeto). Um grupo é formado pelos "tigres", o outro pelas "onças".

Um monitor comanda o jogo, gritando "tigre" ou "onça". Ao gritar, por exemplo, "tigre", os membros do *grupo tigre* devem se levantar e tocar, o mais rápido possível, a parede da sala, que está às suas costas. Enquanto isso, os membros do *grupo onça* deverão tentar pegar (tocar) os "tigres" antes que estes cheguem à parede. Os "tigres" que chegaram à parede estão salvos. Se algum "tigre" foi alcançado, este vira "onça". Tendo os "tigres" já alcançado a parede (ou sido tocados), todos voltam para a posição inicial, deitados frente a frente. O monitor comanda a continuidade, podendo gritar "tigre" ou "onça", e cada grupo deve atacar ou se defender. O monitor não precisa gritar sempre alternadamente os nomes, mas deve estar atento ao equilíbrio. A competição termina quando todos já tiverem virado "tigre" ou "onça" ou então quando os participantes já estiverem cansados.

𝒱ariação

Pode-se também combinar o jogo de tal maneira que os "tigres" ou as "onças" que tiverem sido tocados saiam do grupo, e então o jogo termina quando um dos grupos não tiver mais nenhum membro.

9
Pega e corre

Competição de atenção e agilidade

Os participantes são divididos em dois grupos de igual número de pessoas. Os dois times são perfilados frente a frente, a uma distância de 7 a 8 metros (se o espaço permitir – caso contrário, pode-se tomar uma distância menor). Cada time é colocado atrás de um risco (que pode ser marcado no chão com giz ou com algum outro objeto). Cada jogador recebe um número sequencial (1, 2, 3, 4...), dependendo de sua ordem na fila do time. Assim, cada time tem o seu número 1, o seu número 2, o seu número 3... O monitor deve fazer a contagem, de tal modo que cada jogador saiba o seu número. Exatamente no meio da distância entre os dois grupos, coloca-se um objeto pequeno (não frágil), tipo uma garrafa plástica vazia, um lenço, um pequeno bastão de madeira, uma pequena pedra, uma caneta...

O monitor comanda o jogo, gritando um número qualquer. Ao gritar, por exemplo, "cinco", os dois jogadores que têm o número cinco devem correr para tentar pegar o objeto que está no centro e voltar para trás da linha de seu time. O jogador que não conseguiu pegar o objeto tenta, porém, pegar (tocar) o oponente que está com o objeto, antes que este ultrapasse a linha de seu time. Se o jogador conseguiu ultrapassar a linha de seu time sem ter sido tocado pelo adversário, terá ganho um ponto para o seu grupo. Caso ele tenha sido tocado pelo adversário antes de ultrapassar a linha, é o grupo adversário que ganha o ponto. O objeto é colocado novamente no centro e o monitor grita um outro número, e assim sucessivamente. O time que tiver alcançado primeiramente 10 pontos, ganha o jogo. Pode-se combinar um outro placar ou então fazer partidas repetidas de 5 pontos cada.

O monitor deverá tomar cuidado para não esquecer de chamar jogadores, mas ao mesmo tempo não é interessante chamar os números na sequência, pois o fato de chamar números a esmo exige que os times fiquem atentos todo o tempo. Caso ocorra que dois jogadores cheguem perto do objeto e cada um fique esperando o outro pegar o objeto para então tocá-lo e a situação não se resolver, o monitor poderá fazer uma contagem regressiva (5, 4...). Terminada a contagem regressiva sem que nenhum dos dois tenha pego o objeto, eles voltam para o lugar, e não haverá contagem de pontos. O monitor grita, então, um outro número, e o jogo continua.

10
Construções da fantasia
Criatividade e diversão em grupo

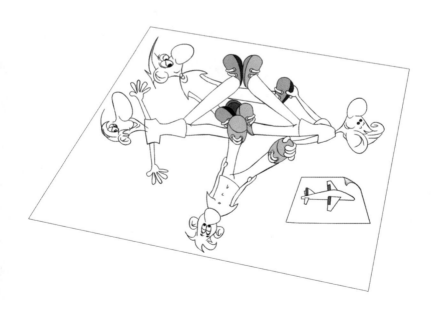

Dois dentre os participantes da brincadeira são destacados para serem os "engenheiros da fantasia". Os outros participantes são todos "peças" que podem ser usadas na construção. Enquanto não forem usadas, ficam assistindo a brincadeira. Assim, os engenheiros pensam alguma construção e a colocam em prática, usando os participantes. Estes deverão deixar-se "moldar" conforme o desejo dos construtores: poderão ser peças curvas, retas, rígidas ou maleáveis. Tudo depende da vontade de quem está construindo, que deverá passar as instruções para as peças e ao mesmo tempo moldá-las. Os engenheiros poderão construir uma ponte, uma cama, um avião, uma mesa... Depende da fantasia. O desafio consiste em fazer construções convincentes e resistentes com o "material" à disposição.

Terminada alguma construção, o monitor destaca outras duas pessoas como engenheiros e a brincadeira continua enquanto houver vontade e fantasia.

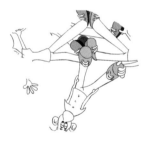

11
MEMÓRIA E MÃOS
Competição de sensibilidade e memória

Os participantes são divididos em dois grupos. Os grupos são colocados frente a frente, em pé ou sentados. O primeiro membro de um grupo escolhe alguma pessoa do outro grupo e apalpa-lhe as mãos (somente as mãos), sentindo como são. Após um pequeno momento de memorização do formato das mãos, os olhos desta pessoa são vendados com uma toalha (ou um pano). Todas as pessoas do grupo do participante que teve as mãos apalpadas "misturam" suas mãos, colocando-as porém lado a lado. A pessoa com os olhos vendados deverá tocar as mãos de todos os membros do grupo oponente e descobrir quais as duas mãos que havia apalpado antes. Para cada acerto conta-se um ponto para o seu grupo. Para dificultar a tarefa, pode-se combinar que a pessoa com os olhos vendados não poderá apalpar para conferir mais de duas vezes a mão de cada um dos membros do grupo oposto. Mas, para isso, as mãos não devem ser mudadas de lugar, até que seja terminado o exercício. Terminada a tarefa, o primeiro membro do outro grupo faz o mesmo exercício e assim sucessivamente. O grupo que tiver alcançado por primeiro 10 pontos ganha o jogo (ou algum outro placar combinado).

12
BOLA DE PÉ EM PÉ

Competição de agilidade e equilíbrio

Os participantes são divididos em dois grupos iguais, que sentam-se frente a frente, guardando uma distância de cerca de 2 metros. Todos os participantes devem tirar os calçados, ficando somente de meia ou então descalços. Devem ser arranjadas duas pequenas bolas. Podem ser duas bolas de tênis ou duas bolas de meia, do mesmo tamanho. Na falta de bolas, também podem ser usadas laranjas ou maçãs bem redondas. Cada grupo recebe uma bola, e esta deve ser colocada no meio dos pés do primeiro competidor de cada grupo. Após o sinal de início de jogo, com maestria e equilíbrio o primeiro jogador deve tentar passar (rolar) a bola para os pés do segundo, e este para o terceiro, até o último jogador. O time que por primeiro conseguir conduzir a bola até o final, terá ganho o jogo. Caso a bola caia no chão durante a competição, deve ser devolvida ao primeiro jogador, que recomeça a brincadeira.

A brincadeira pode ser repetida diversas vezes, até todos terem se divertido.

13
Chave e barbante

Agilidade e competição

Os participantes são divididos em dois grupos iguais. Para se poder fazer a brincadeira é preciso providenciar dois rolos de barbante e duas chaves. As chaves são amarradas na ponta de cada um dos rolos de barbante. A competição consiste no seguinte: o primeiro jogador de cada grupo recebe o rolo de barbante com a chave. Ao sinal da largada, o primeiro jogador deve passar a chave por dentro de sua camisa, camiseta ou blusa (encostada na pele), no sentido da cintura ao pescoço. O segundo jogador recebe, então, a chave e deve passá-la por dentro da camisa (camiseta ou blusa) no sentido contrário (do pescoço à cintura), entregando a chave ao terceiro, que deve passá-la novamente no sentido da cintura ao pescoço. E assim por diante. Cada jogador, porém, deve passar a chave sozinho em si, e não pode ser auxiliado por algum outro. Os jogadores que já passaram a chave e ficaram amarrados ao grupo devem correr o barbante adiante, de tal modo a permitir folga de barbante para que a chave possa ir adiante.

Se algum grupo puxar o barbante com muita violência e o arrebentar, o time deve parar para emendar o barbante com um nó. O primeiro grupo que conseguir levar a chave até o final, ganhará a competição.

Observação

Se houver no grupo pessoas trajando vestido, estas podem ser colocadas como "fiscais" da competição, pois seria constrangedor participar da brincadeira usando esta vestimenta.

Variação

O grupo pode fazer o jogo um pouco mais difícil, fazendo um vai e volta; ou seja, a chave com o barbante deve ir até o último jogador de cada time e fazer depois o caminho de volta, desamarrando o grupo, terminando a competição quando a chave estiver novamente na mão do primeiro jogador.

14
QUAL É A SENHA?

Diversão em grupos

Um dos participantes é o porteiro do céu (pode-se também inventar qualquer outro lugar bom). Esse porteiro combina, com alguém do grupo, a senha para poder entrar no céu. O desafio para os outros participantes é descobrir qual é esta senha. O porteiro deve combinar com essa pessoa uma senha relativamente fácil, mas que não tenha necessariamente nada a ver com a pergunta a ser formulada. Assim, por exemplo, a senha pode ser coçar a cabeça, limpar a garganta ou dar uma pequena tossida antes da pergunta, ou ainda usar uma pequena expressão do tipo: "Pera aí". "Quer ver". "Presta atenção". Mas deve ser apenas uma única senha para cada rodada da brincadeira. O porteiro pode ficar com a mão estendida ou então com o cabo de uma vassoura, que é então levantada quando a senha está correta. Por exemplo: se a senha combinada for dar uma pequena tossida antes da pergunta, esta pessoa escolhida pelo porteiro deve dar diversas demonstrações, com perguntas do tipo: [dá uma pequena tossida] – Posso entrar no céu com tênis branco? E o porteiro responde: – Pode. Pergunta: – Posso entrar no céu de camiseta? Como não deu a tossida, o porteiro diz: – Não. Cada um dos participantes pode arriscar alguma pergunta, à qual o porteiro irá responder com "pode" ou "não". As pessoas que descobriram a senha devem arriscar passar pelo porteiro, e se a senha estiver certa, deverão fazer coro com o porteiro gritando "pode" ou "não", conforme o caso. É interessante que aqueles que descobriram a senha apenas façam coro com o porteiro e passem diversas vezes por ele, fazendo perguntas diferentes, mas sem revelar aos outros qual é a senha. O desafio é justamente prestar atenção e descobrir a senha. A brincadeira termina quando todos os participantes tiverem descoberto a senha. Pode-se então iniciar outra rodada, com outro porteiro e seu ajudante.

15
PEDRO, PEDRO – PAULO, PAULO

Jogo de concentração, agilidade e coordenação motora

Os participantes se reúnem sentados em um semicírculo, ou pelo menos numa posição em que todos possam se ver mutuamente. Os participantes recebem um nome ou um número, na seguinte ordem: O primeiro participante (de uma ponta) é o Pedro, o segundo é o Paulo, o terceiro é o número "um", o seguinte o número "dois", e assim por diante, até o último participante. A brincadeira tem o seguinte desenvolvimento: a) A última pessoa inicia o jogo do seguinte modo: bate duas vezes com as mãos nas suas próprias coxas (uma mão em cada coxa) e simultaneamente à batida diz o seu número. b) Em seguida bate duas palmas, dizendo simultaneamente um outro número (ou então um nome, no caso "Pedro" ou "Paulo") duas vezes (uma para cada palma). c) Imediatamente a pessoa cujo número ou nome foi dito deve, por sua vez, bater duas vezes com as mãos nas suas próprias coxas, dizendo simultaneamente o seu número (ou nome), e bater duas palmas, dizendo simultaneamente um outro número ou nome duas vezes (uma em cada palma). d) Imediatamente a pessoa cujo número ou nome foi dito continua na mesma sistemática. Quando alguém erra (seja as duas batidas na coxa, seja o dizer o nome duas vezes, seja as duas batidas de palmas, seja o dizer um outro número/nome duas vezes, ou então reage num momento em que seu nome/número não foi chamado), vai para o último lugar da fila e todas as pessoas que estavam atrás dela sobem uma posição (subindo um número). O objetivo de cada jogador deve ser ir subindo o seu número até chegar a ser Pedro, o primeiro da fila. Tomemos como exemplo um grupo de 10 pessoas. O último participante é, pois, o número "oito". É sempre o último da fila que inicia o jogo. Exemplo: este diz: "oito" (bate simultaneamente com a mão na coxa), "oito" (bate simultaneamente com a mão na coxa); "dois" (bate simultaneamente uma palma), "dois" (bate simultaneamente outra palma). A pessoa de número dois deve reagir imediatamente e dizer, "dois" (bate simultaneamente com a mão na coxa); "dois" (bate simultaneamente com a mão na coxa) e diz, por exemplo, "Pedro" (bate simultaneamente uma palma), "Pedro" (bate simultaneamente uma palma). A pessoa que é Pedro deve reagir imediatamente, dando continuidade. Esta brincadeira exige concentração e coordenação motora, e torna-se bastante interessante quando os participantes já estão bem treinados e reagem muito rapidamente, tentando surpreender os outros.

16
NÚMEROS E SEUS MÚLTIPLOS
Jogo matemático de agilidade e concentração

Os participantes sentam-se dispostos em círculo. A brincadeira consiste em ir falando números em ordem crescente. No início do jogo combina-se que nos múltiplos de algum número, ou onde ocorrer este algarismo no número, ao invés deste a pessoa deve dizer "Plá". Assim, por exemplo, se o combinado foi o número três e seus múltiplos, a primeira pessoa diz "um", a segunda pessoa da roda diz "dois", a terceira diz "Plá", a quarta diz "quatro", a quinta diz "cinco", a sexta diz "Plá"... Lembrem-se que ao invés de "treze" e de "vinte e três", também se deve dizer "Plá". Depois, no lugar dos números 30 a 39 devem ser ditos dez "Plás", pois sempre ocorre o número três, na dezena.

Quando alguém da roda diz o número errado, diz "Plá" no lugar errado ou diz o número ao invés de "Plá", essa pessoa sai do jogo, e este continua com a pessoa seguinte iniciando novamente a contagem com "um". O jogo termina quando há somente um como vencedor. O desafio de agilidade e concentração se torna maior quando a contagem é feita com muita rapidez.

Variações
Ao invés de três e seus múltiplos, o grupo pode tomar uma outra combinação: seja um outro número e seus múltiplos, seja dizer um "Plá" depois do número e seus múltiplos ou então dizer "Plá" no lugar de dois números e seus múltiplos. A criatividade aqui fica a critério do grupo.

17
Careta pelas costas
Diversão em grupo

Os participantes da brincadeira reúnem-se no meio de uma sala. Um dos participantes é escolhido para ir até a parede e ficar de costas para o grupo, com o rosto encostado na parede. Os outros participantes são convidados a ir até perto dessa pessoa e fazer caretas para ela, pelas costas. Aquele que está de costas deve virar-se rapidamente para o grupo. Quando este se vira, as pessoas devem ficar congeladas na posição da careta que estavam fazendo. Quem não resistir (rir ou mudar de posição) sai da brincadeira. A pessoa que se vira rapidamente pode, então, inspecionar as caretas, conferir cada um ou então voltar-se novamente para a parede. Se voltar-se para a parede, os participantes podem mudar de posição e de caretas. Pode-se combinar que se deve trocar de pessoa na parede cada vez que, por exemplo, três ou quatro pessoas tiverem sido eliminadas. Estas entram, então, novamente na brincadeira. O jogo termina quando todos já tiverem se divertido.

Variação
Pode-se combinar de, ao invés de eliminar as pessoas que riram ou se moveram, estas receberem um castigo a ser cumprido na hora, na frente do grupo.

18
Gato e cachorro
Brincadeira em grupo

Os participantes formam um círculo e se dão as mãos. Dois deles são separados do grupo: um será o "gato" e o outro o "cachorro". No início da brincadeira o "cachorro" está dentro do círculo e o "gato" do lado de fora. As mãos dadas formam uma espécie de cerca. A brincadeira consiste em o "cachorro" tentar pegar o "gato" (tocar nele). Quando o "cachorro" conseguir passar para o lado de fora da "cerca", o "gato" deve tentar rapidamente passar para o lado de dentro, para assim livrar-se do "cachorro", que tentará novamente entrar no círculo para pegar o "gato". Quando o "cachorro" pegar o "gato" (tocar nele), o "gato" faz, então, o papel de "cachorro" e outra pessoa é escolhida para ser o "gato". E assim sucessivamente, até todos terem se divertido. É interessante que as pessoas que formam a "cerca" (de mãos dadas) criem alguma dificuldade, tanto para o "cachorro" como para o "gato", na hora em que estes tentarem passar. Esta dificuldade, porém, não deve ser demasiada, a ponto de impedir a passagem, nem tão frágil, que eles passem sem qualquer esforço. Mas é interessante que o mesmo grau de dificuldade seja imposto tanto ao "cachorro" quanto ao "gato".

19
CORDAS DE RINGUE

Brincadeira de descontração para grupo

Os participantes formam um círculo e se dão as mãos. Uma pessoa do grupo é colocada no meio deles e deixa-se cair – mantendo rígido o corpo – contra os braços daqueles que estão formando o círculo. Estes fazem como se seus braços fossem uma corda de ringue: cedem um pouco para baixo e depois impulsionam a pessoa em outra direção, onde novamente a "corda" irá impulsionar a pessoa adiante. Quando esta pessoa já tiver "flutuado" bastante nas cordas do ringue, troca de lugar com outra, que passa, então, a ser jogada também de um lado ao outro pelas cordas. É interessante que para esta brincadeira o círculo não seja formado de muitas pessoas. Caso haja participantes o suficiente, pode-se formar mais de um círculo.

20
Dança do pisa-pisa

Competição de dança e agilidade

Para esta brincadeira é necessário primeiro providenciar algumas coisas: um aparelho de som com música para dançar, barbante e pedaços de papel. Os participantes formam os pares para a dança. Em seguida amarra-se um barbante em uma das pernas de uma das pessoas de cada par, e na outra ponta do barbante, a uma distância de mais ou menos 1 metro, amarra-se um pedaço de papel.

Tendo sido preparada a situação, é iniciada a música e a dança. Os casais dançam normalmente, ao ritmo da música (é aconselhável que se coloquem músicas fáceis de serem dançadas), mas devem tentar pisar em cima do pedaço de papel de algum outro casal. Obtendo êxito, o papel irá se soltar do barbante. O casal que perder o seu pedaço de papel é eliminado, e o casal que conseguir se defender até o fim é declarado vencedor.

Variação

Também é possível fazer a mesma brincadeira amarrando um barbante com o pedaço de papel em cada um dos pares. Cada casal terá que defender, então, os dois pedaços de papel, e será eliminado somente quando perder os dois pedaços. Será vencedor o casal que conseguir salvar pelo menos um pedaço de papel até o fim da brincadeira.

21
TUDO O QUE VOA

Brincadeira de atenção

Os participantes sentam-se em círculo, colocando as mãos sobre as pernas. Um deles inicia a brincadeira, dizendo uma frase onde ocorra alguma coisa que, segundo esta pessoa, voa. Se de fato o que foi falado for algo que voa mesmo, os participantes levantam as mãos bem alto e depois abaixam (fazendo uma espécie de onda com as mãos). Assim, por exemplo, alguém inicia, dizendo: – Passei ali na rua e vi voando alto (ao dizer isto ele levanta as mãos bem alto) um canário. Como canário é um animal que voa, todos devem levantar bem alto as mãos e depois abaixar. O seguinte participante toma a palavra e diz, por exemplo: – Ontem passei na escola e vi voando alto (ao dizer isto ele levanta aos mãos bem alto) uma vaca. Como vaca não voa, os participantes não devem acompanhar o gesto. O terceiro participante continua, dizendo algo que, segundo ele, voa. Se alguma pessoa do grupo levantou as mãos (o mínimo que seja) quando foi dito algo que não voa, esta é eliminada da brincadeira. E se foi dito algo que voa e um participante não levantou imediatamente as mãos, este é igualmente eliminado. O objetivo da brincadeira é tentar levar as pessoas a levantar as mãos na hora errada. Isto tudo se torna muito mais interessante se as frases são ditas com bastante rapidez, uma pessoa após a outra. A brincadeira termina quando só resta uma pessoa, ou quando todos já tiverem se divertido o suficiente.

Observação
Se houver uma grande mesa no local da brincadeira, pode-se colocar os participantes em torno da mesa, com as mãos sobre ela.

22
Adivinhar uma palavra
Competição de criatividade em grupos

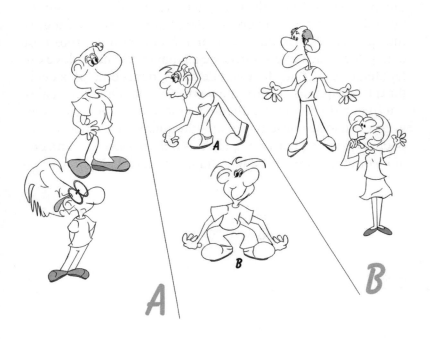

Os participantes da brincadeira são divididos em dois grupos e uma pessoa é destacada como "juiz". Duas pessoas, uma de cada grupo, distanciam-se dos demais participantes e combinam uma palavra (que pode ser um objeto, uma atividade, um animal...) em comum. Os dois falam essa palavra para o "juiz", mas de tal modo que os outros participantes não ouçam. Depois disso, estas duas pessoas voltam para junto dos dois grupos e diante deles devem fazer simultaneamente mímica, tentando mostrar por gestos a palavra combinada, sem porém fazer nenhum som nem abrir a boca. Os membros dos dois grupos podem observar a mímica das duas pessoas ao mesmo tempo. O grupo que primeiro adivinhar a palavra, ganhará um ponto. Tendo sido adivinhada a palavra, outras duas pessoas se afastam e combinam outra palavra a ser adivinhada. E assim a brincadeira continua. O grupo que por primeiro fizer 10 pontos (ou outro placar a ser combinado) é o vencedor. Para se considerar que uma palavra foi adivinhada por um grupo, ela deve ser dita exatamente como foi dita para o juiz. Não vale dizer palavra parecida ou sinônimo. Quando ocorrer que um grupo falar algum sinônimo, é legítimo que as pessoas que estejam fazendo mímica mostrem com gestos que deve ser trocada a palavra. O "juiz" deve estar atento para controlar esses detalhes, bem como para decidir qual grupo disse antes a palavra correta. Quando a palavra tiver sido dita praticamente ao mesmo tempo pelos dois grupos e não se conseguir distinguir quem disse antes, o juiz poderá dizer que houve empate e as duas pessoas devem, então, combinar uma outra palavra a ser adivinhada.

23
Defendendo a coroa

Jogo de agilidade

Para o início da brincadeira devem ser colocadas cadeiras em círculo, voltadas com as costas para dentro e o assento para fora. Deve ser colocada uma cadeira a menos em relação ao número de participantes. Assim, se houver 10 participantes, devem ser colocadas 9 cadeiras. Um dos participantes é escolhido para ser o rei. Pode-se fazer uma espécie de coroa de papel (de jornal, por exemplo) para colocar em sua cabeça. Os participantes são colocados em círculo, em volta das cadeiras; o rei fica de fora. Os participantes deverão caminhar em velocidade normal em volta das cadeiras, sendo observados de perto pelo rei. Quando este decidir, ele pode dar um leve tapa nas costas de alguém que acaba de passar por ele. Ao dar este sinal, todos devem sentar-se numa cadeira, menos o rei e a pessoa que foi tocada. O rei deve correr pelo menos uma volta inteira em relação ao lugar onde estava postado, e então procurar a cadeira vazia para se sentar. A pessoa que foi tocada, por sua vez, deve perseguir o rei. Se esta pessoa conseguir tocar no rei antes que ele se sente na cadeira, terá conseguido roubar sua coroa. Esta pessoa passará então a ser "rei". Se o rei conseguiu se sentar antes de ser tocado, terá defendido a sua coroa. Todos os outros participantes se levantam, e a brincadeira continua.

Observação
Cada vez que o rei conseguir defender sua coroa, ele só poderá tocar a mesma pessoa (repetir a pessoa) depois de duas rodadas.

24
ANDAR COM OLHOS VENDADOS
Brincadeira de "pegadinha"

Trata-se aqui de uma brincadeira tipo "pegadinha". Duas, três ou quatro pessoas são convidadas a se retirarem da sala (o número de pessoas convidadas a se retirarem depende do número de pessoas que estão participando da brincadeira e de quantas pessoas se quer fazer cair na "pegadinha"). Com os que permanecem na sala combina-se o seguinte: Será chamada uma pessoa de cada vez, e feito um teste falso de andar com os olhos vendados sobre pessoas deitadas no chão. Na verdade, quando ela estiver com os olhos vendados, aqueles que estavam deitados no chão irão se levantar, mas em silêncio. Com isso, a pessoa com os olhos vendados irá se esforçar para não pisar em ninguém, quando na verdade não há ninguém no chão. Explicado isto, chama-se a primeira pessoa. Para ela explica-se que será feito um teste de equilíbrio e memória geográfica com todos os que estão fora da sala, um a um. Este teste consistirá em andar entre pessoas deitadas no chão, sem pisar em ninguém. Ganhará o teste quem não pisar em ninguém ou pisar em um menor número de pessoas. Colocam-se quatro ou seis pessoas deitadas de costas no chão, com a sola dos pés encostada, de par em par, uma contra a outra. As pernas devem estar um pouco abertas, de tal modo que será possível – com um pouco de jeito – caminhar por entre essas pessoas. Antes de colocar uma toalha ou pano como venda nos olhos, a pessoa será convidada, inclusive, a fazer um pequeno treino, com os olhos abertos, andando entre os participantes que estão deitados no chão. Passado o treino, os olhos desta pessoa são vendados. Quando isto acontecer, os que estavam deitados no chão se levantam em silêncio para observar a cena. O coordenador da brincadeira dá, então, o sinal para que seja iniciado o teste. Todos observam o esforço da pessoa em andar sem pisar nos companheiros, quando na verdade não há ninguém deitado no chão. Terminado o percurso, tira-se a venda dos olhos desta pessoa, só para ver sua cara de espanto ao saber que não havia ninguém no chão. Chama-se a seguinte pessoa que estava fora da sala e a brincadeira é recomeçada, até "pegar" a última pessoa que estava fora da sala.

25
Teatro mudo
Simplesmente diversão em grupo

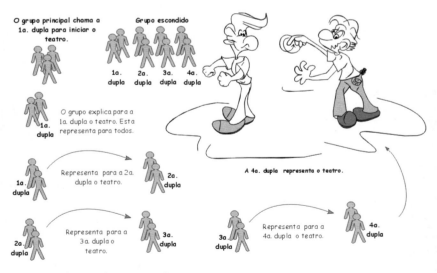

Esta brincadeira é recomendada para ocasiões onde houver um grupo maior de pessoas (a partir de 12, por exemplo). Seis ou oito delas (dependendo do número de presentes) são convidadas a se retirar da sala. O grupo que permanece na sala combina um tipo de cena que deverá ser representada por duas pessoas em forma de teatro mudo (sem palavras, apenas com gestos). Esta cena deve ser engraçada. Sugestões: um médico bêbado tentando aplicar uma injeção num paciente; um barbeiro bêbado tirando a barba de um cliente; um bêbado tentando ajudar alguém a estacionar um carro. Tendo sido combinada a cena, duas pessoas daquelas que estão fora da sala são chamadas para dentro. A elas é explicado que deverão representar uma cena (a cena combinada pelo grupo), mas sem palavras. Estas duas representam uma vez a cena para todos os presentes na sala (a duração da representação irá depender da criatividade da dupla). Tendo terminado a apresentação, outra dupla é convidada a entrar na sala. A estes dois é explicado que a primeira dupla irá representar uma cena e eles deverão, depois, fazer a mesma cena. Explica-se que as cenas precisam ser representadas sem palavras. Não se deve, porém, dizer a eles qual é a cena que está sendo representada. Todos assistem novamente à cena, representada pela segunda vez pela primeira dupla. A terceira dupla é convidada a entrar, e a ela se explica que uma cena muda será representada e a dupla deverá, depois, repeti-la. A segunda dupla é convidada, então, a representar a cena. Ao final desta representação, a quarta dupla (se houver) é convidada a entrar e a terceira dupla representa a cena. Depois disso, a quarta dupla representa a cena para todo o grupo. Terminadas as apresentações, cada dupla deverá dizer o que entendeu sobre o que estava representando.

A 4a. dupla represer

26
Objeto imaginário
Diversão e criatividade em grupo

Os participantes deverão sentar-se formando um círculo, de tal modo que todos vejam a todos. A brincadeira consiste em imaginar objetos que vão circular pelo grupo, da seguinte maneira: o primeiro participante faz gestos como se tivesse consigo algum objeto. Depois de manejar esse objeto ele o repassa para a pessoa que estiver a seu lado. Esta, por sua vez, acolhe esse objeto, remodela-o com as mãos, de tal forma a surgir um outro objeto imaginário. Após manejar um pouco este objeto, ele deve ser passado adiante, e assim sucessivamente, até completar todo o círculo. Tudo deve ser feito sem palavras. Apenas com gestos. Assim, por exemplo, a primeira pessoa pode imaginar que está com um pente nas mãos. Com gestos ela demonstra estar penteando os cabelos. Após alguns momentos, ela passa o seu pente imaginário adiante. A seguinte pessoa pode tomar o pente e transformá-lo num chiclete. Depois de mascar um pouco, o "chiclete" é tirado da boca e passado adiante. A pessoa que o recebe tem a tarefa de modelar um outro objeto... Quando todos os participantes já tiverem atuado, pode-se quebrar o silêncio e cada um conta o que entendeu que recebeu como objeto e o que inventou. A brincadeira poderá ser repetida diversas vezes.

27
Boa-noite, meu senhor! – Boa-noite, minha senhora!

Jogo de concentração e agilidade, com cartas

Para esta brincadeira é necessário que se tenha um jogo de baralho. Todos os participantes sentam-se ao redor da mesa, e cada um deles recebe 10 cartas (o número de cartas pode ser também maior ou menor, dependendo do número de participantes, de tal modo que uma boa parte do baralho seja dividida). Os participantes não devem ver as cartas. Cada um deve manter o seu "montinho" de cartas à sua frente, viradas para baixo. O jogo é iniciado pela pessoa da vez, isto é, a primeira pessoa após a que distribuiu as cartas. A brincadeira consiste no seguinte: cada participante vai virando no centro da mesa uma carta de cada vez, um após o outro, uma carta em cima da outra. Quando a carta virada for um "rei", todos devem dizer: – Boa-noite, meu senhor! (ou – Boa-tarde, ou – Bom-dia, dependendo da hora do dia); quando a carta virada for uma dama, todos devem dizer: – Boa-noite, minha senhora!; quando a carta virada for um valete, todos deverão bater continência, mas em silêncio. Se alguma pessoa falar algo errado ou fizer o gesto na hora errada, é obrigada a pegar as cartas que estão na mesa e colocá-las em seu monte, debaixo das demais cartas. Quando a carta virada for um dez, todos deverão colocar uma das mãos sobre as cartas que estão no centro. Quem ficar com a mão por cima (ou seja, a última pessoa a colocar a mão) é obrigada a incorporar as cartas ao seu monte (colocando-as sempre embaixo das outras). Sempre que ocorrer de alguém ter que recolher as cartas que estão no centro (por algum dos motivos acima expostos), esta pessoa é que recomeça o jogo, virando uma de suas cartas no centro. A rodada termina quando um dos participantes "bater", isto é, quando um dos participantes acabar com as cartas. Nesse momento, os outros participantes devem contar o número de cartas que restou-lhes e anotar num placar. Pode-se combinar um teto de pontos para o fim do jogo, ou jogar até que todos tenham se divertido o suficiente, e então, ao final, quem tiver ficado com o menor número de pontos será o vencedor.

Variação

O grupo pode combinar outros gestos a serem feitos pelos participantes, de tal modo a exigir mais concentração de todos. Assim, por exemplo, pode-se combinar que quando for virada a carta "sete", pula-se um jogador, ou seja, o seguinte fica sem jogar e o seu vizinho é que continua. Ou então quando for jogada a carta "cinco" o jogo muda de direção. A combinação de mais gestos depende da criatividade do grupo e pode fazer a brincadeira cada vez mais interessante. É importante, porém, para o desempenho da brincadeira, que o jogo seja feito com uma relativa rapidez, exigindo dos participantes agilidade e concentração.

28
Detetive, assassino e vítimas

Brincadeira de perspicácia

Os participantes sentam-se em círculo, de tal modo que todos possam ver a todos. São feitos pequenos bilhetes de papel no número exato de participantes. Escreve-se num papel "assassino", num outro "detetive" e em todos os demais escreve-se "vítima". Explica-se aos participantes que todos irão receber um bilhete, onde um dentre eles será o "assassino", um será o "detetive" e os outros serão "vítimas". A função do assassino será tentar "matar" o maior número possível de pessoas ("vítimas"). Isto ele fará dando uma piscada com um olho para a "vítima". Ao receber uma piscada de olho, a "vítima" deverá deixar cair a cabeça, fingindo estar morta. O "assassino" deve agir de forma discreta, pois o "detetive", por sua vez, irá tentar descobrir quem é o "assassino". Explicada a brincadeira, os bilhetes são dobrados e distribuídos aos participantes, e assim a diversão começa. O "assassino" tenta fazer suas "vítimas", enquanto o "detetive" tenta descobrir, com observação e perspicácia, quem é o "assassino". Quando ele acha que descobriu o assassino, deve revelar sua suspeita. Estando ele correto, o "assassino" se rende e a brincadeira passa para a segunda rodada (nova distribuição dos bilhetes). Não acertando, o "assassino" deve continuar a fazer suas vítimas, até ser descoberto. Então os bilhetes são recolhidos, misturados e distribuídos novamente. E a brincadeira recomeça.

Observação
Se por acaso o "assassino" tentar "matar" o próprio detetive, terá sido descoberto, sem muito esforço. A brincadeira termina quando todos já tiverem se divertido o suficiente.

29
Descobrindo o comandante
Brincadeira de perspicácia

Todos os participantes sentam-se em círculo. Um deles é convidado a retirar-se por alguns instantes. Nesse momento os que ficaram na sala combinam que todos irão sempre repetir o gesto iniciado por um dos membros do grupo. Esta pessoa é o "comandante". Se esta pessoa iniciar batendo palmas, todos acompanham batendo palmas. Se esta pessoa mudar para coçar a cabeça, todos acompanham coçando a cabeça. Se esta pessoa mudar para bater o pé, todos batem o pé. Tendo sido explicada a brincadeira e designado o comandante, ele inicia com um gesto e é acompanhado por todos. A outra pessoa é chamada para dentro do círculo e deve tentar descobrir quem é que está comandando as mudanças de movimento. O "comandante" deve ser muito discreto e tentar disfarçar pelo maior espaço de tempo possível. Por sua vez, essa pessoa deve prestar bastante atenção para descobrir quem está comandando o movimento. Quando o comandante é descoberto, este é convidado a retirar-se da sala e uma outra pessoa é escolhida para comandar o movimento. E assim segue a brincadeira até que todos tenham se divertido. Pode-se fazer uma espécie de placar entre os que tiveram a tarefa de descobrir o comandante, para ver quem consegue fazê-lo com o menor número de tentativas.

30
Qual é a lógica?

Jogo de perspicácia e inteligência

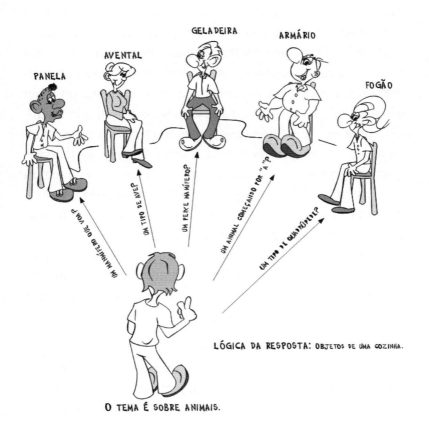

Trata-se de uma brincadeira onde as pessoas são desafiadas a pensar e agir conforme uma lógica e outras devem descobrir qual é essa lógica. Tudo gira em torno de perguntas e respostas. Primeiramente duas pessoas são convidadas a sair da sala. Os que permanecem devem combinar um tema e uma lógica a serem usadas nas perguntas.

Exemplos de lógicas a serem inventadas: a) Tomemos como exemplo o tema de contas de matemática. As duas pessoas serão convidadas a fazer perguntas de matemática (pode-se limitar somente à adição, à subtração ou às quatro operações matemáticas) e a lógica da resposta pode ser esta: usar sempre números pares. Quando a conta pedida tiver como resultado um número ímpar, acrescenta-se 1 para gerar um número par. Ou então acrescenta-se sempre três ao resultado correto ou coisa do tipo. b) Outro exemplo de lógica pode ser usado dando como tema, às duas pessoas, assuntos gerais. Combina-se como lógica que a primeira pessoa a ser perguntada responderá qualquer coisa, a segunda responderá à pergunta da primeira, a terceira responderá à pergunta da segunda, e assim por diante. Após ter sido combinado o tema e a lógica, convidam-se as duas pessoas que estavam fora da sala para entrar e explica-se a forma da brincadeira, dizendo que haverá uma lógica nas respostas, mas não se diz qual a lógica. E que elas deverão fazer perguntas sobre o tema determinado, e a partir das respostas deverão descobrir qual a lógica que está sendo usada pelo grupo para responder.

Para fazer a brincadeira mais desafiante ainda, pode-se limitar o número de perguntas. Por exemplo: os dois terão o direito de fazer seis perguntas, e a partir das respostas deverão descobrir a lógica que estava por trás. Tendo terminado a primeira rodada, pode-se convidar outras duas pessoas a saírem da sala, enquanto os que permanecem combinam o tema e a lógica que irão usar nas respostas. A brincadeira termina quando todos já tiverem se divertido o suficiente.

CULTURAL

Administração
Antropologia
Biografias
Comunicação
Dinâmicas e Jogos
Ecologia e Meio Ambiente
Educação e Pedagogia
Filosofia
História
Letras e Literatura
Obras de referência
Política
Psicologia
Saúde e Nutrição
Serviço Social e Trabalho
Sociologia

CATEQUÉTICO PASTORAL

Catequese
Geral
Crisma
Primeira Eucaristia

Pastoral
Geral
Sacramental
Familiar
Social
Ensino Religioso Escolar

TEOLÓGICO ESPIRITUAL

Biografias
Devocionários
Espiritualidade e Mística
Espiritualidade Mariana
Franciscanismo
Autoconhecimento
Liturgia
Obras de referência
Sagrada Escritura e Livros Apócrifos

Teologia
Bíblica
Histórica
Prática
Sistemática

REVISTAS

Concilium
Estudos Bíblicos
Grande Sinal
REB (Revista Eclesiástica Brasileira)
SEDOC (Serviço de Documentação)

VOZES NOBILIS

Uma linha editorial especial, com importantes autores, alto valor agregado e qualidade superior.

PRODUTOS SAZONAIS

Folhinha do Sagrado Coração de Jesus
Calendário de mesa do Sagrado Coração de Jesus
Agenda do Sagrado Coração de Jesus
Almanaque Santo Antônio
Agendinha
Diário Vozes
Meditações para o dia a dia
Encontro diário com Deus
Guia Litúrgico

VOZES DE BOLSO

Obras clássicas de Ciências Humanas em formato de bolso.

CADASTRE-SE
www.vozes.com.br

EDITORA VOZES LTDA.
Rua Frei Luís, 100 – Centro – Cep 25689-900 – Petrópolis, RJ
Tel.: (24) 2233-9000 – Fax: (24) 2231-4676 – E-mail: vendas@vozes.com.br

UNIDADES NO BRASIL: Belo Horizonte, MG – Brasília, DF – Campinas, SP – Cuiabá, MT
Curitiba, PR – Florianópolis, SC – Fortaleza, CE – Goiânia, GO – Juiz de Fora, MG
Manaus, AM – Petrópolis, RJ – Porto Alegre, RS – Recife, PE – Rio de Janeiro, RJ
Salvador, BA – São Paulo, SP